맑은소리
맑은나라

▼

봄이 한창입니다.

연꽃은 여타의 꽃과는
그 육진의 파동이 조금은 다릅니다.
다른 꽃보다 짙지는 않지만
가슴을 뛰게 만드는 꽃내음이 있고,
여린 듯하면서도 강인하고,
강인한 듯하면서도 여린,
이중적인 모습을 가지고 있기도 하지요.
여름 장마와 함께 연꽃의 계절이
다가오고 있습니다.
이번 여름은 작정을 하고 연꽃 구경을
실컷 할 참입니다.

고결한
당신의
마음에
기별 드립니다.

봄이면
꽃들이,
여름이면
파아란 바다가,
가을이면
알록달록 잎들이,
겨울이면
하얀 눈꽃들이

당신의
고결한
영혼에
기별 드립니다.

2015 초여름 우현

CONTENTS

연꽃의
계절

연꽃은 여타의 꽃과는 그 육진의 파동이 조금은 다릅니다.

다른 꽃보다 짙지는 않지만 가슴을 뛰게 만드는 꽃내음이 있고,

여린 듯하면서도 강인하고, 강인한 듯하면서도 여린,

이중적인 모습을 가지고 있기도 하지요.

여름 장마와 함께 연꽃의 계절이 다가오고 있습니다.

이번 여름은 작정을 하고 연꽃 구경을 실컷 할 참입니다.

모기를
생각하며

모기야! 모기야! 욕심이 많아 만족할 줄 모르더니
결국엔 날지 못하게 되었구나.
모기야! 모기야! 다른 이의 소중한 것을 탐내지 마라.
언젠가는 갚아야 할 날 돌아오느니!

어느 날 모기가 스님에게 물었다.
"왜 파리들은 휘이 내쫓으면서 저희들은 찰싹하고 잡으시나요?"
스님 말씀,
"파리들은 들키면 잘못했다고 싹싹 빌지만 너희들은 들키고도
도둑질을 일삼으니 그리하는 것이니라" 하였다.

처음은 고려 말 나옹스님의 모기라는 시구이고
다음은 이외수 선생의 '하악하악' 중의 한 대목입니다.
여름철 많은 이들이 모기에게 공양을 하였을 것이고
많은 모기들이 그 생명을 다하였을 것입니다.
한번쯤 모기도 생명체임을 떠올리며
삼가 모기 영가들의 극락왕생을 빌어봅니다.

미루나무와
바람

바람이 부는 까닭은 미루나무 한 그루 때문이다.

미루나무 이파리 수천, 수만 장이

제몸을 뒤집었다 엎었다 하기 때문이다.

세상을 흔들고 싶거든 자신을 먼저 흔들 줄 알아야 한다.

- 안도현 〈바람이 부는 까닭〉

미루나무에서 불어오는 바람이

짙은 가을 내음을 들려줍니다.

번뇌의 열기에 허덕이던 우리네 마음에도

미루나무에서 일어난 시원한 바람이 불어올까요?

아마도 잠들어 있는 불성을 깨우지 않는 한

미루나무의 바람이 아무리 분다 해도

번뇌의 열기는 가시지 않을 것입니다.

19

내 마음의
보배

오지 말라고 막는 이 없는
저 하늘 궁전에 가는 사람이 없는 것은
손오공처럼 성내는 마음
사오정처럼 어리석은 마음
저팔계처럼 욕심내는 마음을
귀한 보배로 삼아 집착하기 때문이요,

제발 오라고 유혹하지 않음에도
지옥에 많은 사람이 들끓는 것은
재물에 대한 욕심, 명예에 대한 욕심,
음식에 대한 욕심, 사람에 대한 욕심으로
소중한 보배를 삼아 집착하기 때문이다.

원효 스님의 말씀입니다.

하늘 닮은 푸른 빛깔을 자랑하던 나뭇잎

어느새 울긋불긋 야단이더니

덩달아 마음도 싱숭생숭 야단이네요.

고요한 마음 야단인 마음

무엇을 보배로 여기냐에 따라 다를 뿐

한 마음에 무슨 차별이 있겠습니까!

떨어진 잎사귀 따라서 마음다리 건너 오서요.

나뭇잎의 한 말씀 들을 수 있을 터이니….

일본에서
한 해를 보내며

지구별의 숨운 늙은이여!

그대는 지금 무얼 하고 있는 건가.

한 해도 오늘 밤이면 끝인데

먼 고향 별에는 언제쯤 돌아갈 수 있을까?

옷은 변방의 비에 젖어들고

내 마음은 고향절집의 문고리에 걸려 있네.

향을 사르고 앉아 잠들지 못하는데

새벽 눈은 또 왜 그리 펄펄 내리는지….

- 사명 짓고 우현 옮김

뱀꼬리글
한 해의 끝은 늘 아쉬움만 남지만 다가올 날이 있기에 절망하지 않을 수 있습니다.
다가오는 새해에는 모두 마음속 부자가 되기를….

일탈을 꿈꾸는
당신에게

많은 세월을 그래왔듯 어김없이 새해가 시작되었습니다. 우연히
보게 된 무릎팍 도사와 프리마돈나 강수진 씨와의 대화가 오래도록
마음에 남아 여러분에게 글 보시하려 합니다.

問
모든 이들이 일탈을 꿈꾸는 이유는 반복되는 일상 때문이다. 당신은
20년간을 매일 똑같은 스케줄로 일상을 보낸다고 들었는데 당신도
가끔은 일탈을 꿈꾸지 않는가?

答
나는 한 번도 일상이 지겹지 않았다. 왜냐면 매일이 새롭고 신비로우
며 즐겁기 때문에 나는 일상에서 일탈을 꿈꿀 이유가 없었다.

마음먹기에 따라 매일이 즐거울 수도 있고 지겨울 수도 있습니다.
여러분은 어떤 마음으로 새해를 시작하시렵니까?
선택은 여러분에게 달려있습니다.

소를
찾아서

잃어버린 소를 찾습니다!

특징은 없고요, 소라는 이름만 있습니다.

소의 해입니다.

불가에서 소는 고정된 모습으로 정의 내릴 수 없는

형상 없는 마음을 상징합니다.

사찰마다 하나쯤 있을 법한 소에 관한 그림들,

다 형상 지을 수 없는 마음을 이야기하고자 하는 방편이지요.

기축년 새해는 형상 지을 수 없는 마음 소 찾는

한 해가 되기를 가만 가만 손 모아 봅니다.

알고 보면 잃어버린 적 없는 소 말입니다.

매 화
향 기

동백을 비롯한 꽃들이 봄을 알리고 있습니다.
그중에서도 매화는 게으름 가득한 저의 발길을
그에게로 향하게 합니다.
동 트기 전 매화향기 그윽한 나무그루터기 아래에서 듣는
매화의 짙은 향기는
능엄경의 다음과 같은 법문을 들려줍니다.

"아난아, 너의 코끝에 들려오는 매화의 향기는
매화의 꽃망울에서 시나브로 너에게로 온 것이냐?
네가 매화의 꽃망울 곁으로 시나브로 간 것이냐?"

부처님과 아난존자와의 대화를 시절인연에 맞게
조금 손질해 보았습니다.
여러분은 어떠신가요?
매화향이 시나브로 여러분의 곁으로 다가온 것입니까?
아니면 여러분의 알음알이가 시나브로 다가간 것입니까?

33

참다운
지계

봄이 한창입니다. 꽃들은 다투어 모양새를 자랑하고 땅에서는 강력한 생명의 움직임들로 가득합니다. 그런가 하면 전국 큰 사찰에는 삼월불사가 한창입니다. 삼월불사 가운데서도 보살계 행사가 으뜸이지요. 보살계는 불자로의 삶을 맹서하고 또 지난 세월 자신의 허물을 돌아보는 시간이기도 합니다.

보살계란 무엇일까? 여러 뜻이 있겠지만 스스로나 남에게 부끄럼이 없으면 참다운 지계라 할 수 있을 것입니다.

고려의 문인 이규보의 면잠(面箴)이라는 글귀를 가만 암송해 봅니다.

마음속 부끄러운 일 있으면 먼저 알고 붉은 빛 드러내고
사람을 대하면 허둥지둥 어쩔 줄 몰라 하니
마음으로 생각하는 모든 것 바로 너에게로 드러난다.
해야 할 일을 하여 위엄이 있다면 더 이상 부끄러움 없으리.

34

봄 날 에
눈송이의 무게를 사유함

어느 날 아주 작은 박새가 비둘기에게 물었습니다.

"눈송이의 무게를 알고 있니?"

비둘기가 대답했습니다. "눈송이의 무게라고? 눈송이에 무슨 무게가 있겠어. 허공처럼 전혀 무게가 없겠지." "그렇다면 내 이야기를 들어 봐." 박새가 말했습니다. "눈 내리는 전나무 가지에 앉아 있었어. 할 일도 없고 해서 눈송이 숫자를 세기 시작했지. 가지 위에 쌓이는 눈 송이 숫자를 말이야. 눈송이는 정확히 374만 1,952개였어. 그런데 말 이야…." 박새의 잔잔한 목소리가 이어졌습니다. "그다음 374만 1,953번째 눈송이가 가지에 내려앉으니까 가지가 그만 뚝 부러져 버 렸어. 무게가 없는 눈송이 하나가 내려앉았는데 말이야!"

박새의 이야기를 듣고 한참 생각에 잠긴 비둘기가 나지막이 말했습니다. "그래, 맞아. 단 한 사람의 목소리가 부족한지도 몰라. 세상이 변화하는 데는."

우화집에 나오는 이야기입니다.

내가 변화하는 데는, 내 속에 숨 쉬는 붓다를 만나기 위해서는,

단 하나 누구의 목소리가 필요할까요?

이천 오백 여든 세 번째 부처님 다녀가신 날 즈음에

내면의 단 하나의 목소리에 귀기울여 봅니다.

봄날은
간 다

봄이 따끈따끈하다 싶더니 봄비 뿌리고 바람이 삽상해졌습니다. 그 바람결 사이로 서 있는 나무들은 하루가 다르게 연한 초록에서 짙은 초록으로 물들어 갑니다.

억겁의 세월을 그래왔던 것처럼 짙은 초록들은 바람과 햇살을 담뿍 머금고 점점 붉은 빛으로 물들어 갈 것이고 어느 날엔가는 봄날의 기억을 뒤로한 채 하늘하늘 작별을 고하겠지요. 이렁저렁 봄날은 우리들 곁을 떠나고 있습니다.

여러분! 봄날은 갑니다.

지금은
결제중입니다

수행자가 늘 수행에 전념하며 살아야 하지만 결제때가 되면 아무래도 마음을 더 챙기게 되지요. 그중에도 삭발을 하는 날이면 파르라니 깎은 머리를 만지며 수행자임을 다시 생각하게 됩니다.

능엄경에서는 몸과 몸에 닿는 감촉에 늘 깨어 있으라 하시고, 율장에는 하루 세 번 수행자가 염송해야 하는 게송을 말씀하십니다. "입을 단속하고 뜻을 단속하며 몸을 단속하여 계를 범하지 않기를, 모든 유정들의 번뇌 다 하기를, 이로움 없는 고통 멀리하기를, 이와 같이 실천하여 마침내 중생 제도 하기를."

무더운 여름 삭발하는 날 수행자임을 자각합니다.
다들 자각하시지요?

향기로운 연꽃내음
그대에게서 난다

연꽃이 한창입니다. 서로 자태를 뽐내는 연못 주위를
한참이나 걸었습니다.
문득 떠오른 시 한 수 전합니다.

그대의 눈동자는 푸른 연꽃잎
그대의 치아는 하얀 말리꽃
향기로운 연꽃내음 그대에게서 난다.
그 몸도 꽃잎처럼 휘날리련만
밤낮으로 사모하고 사모하여도
돌과 같이 단단한 그대의 마음……

- 인도의 古詩

관점에
대하여

얼마 전 학인들과 함께 영축산 산행을 하였습니다. 여럿이다보니 다들 개성이 뚜렷하지요. 색다른 장소여서 그런지 평소에는 볼 수 없었던 모습들이 보이더군요.
문득 관점이라는 단어가 떠올라 한 생각 옮겨봅니다.

다 좋다.

내성적인 학생은 진지해서 좋고,

사교성이 적은 학생은 정직하고 과장되지 않아서 좋고,

소심한 학생은 실수가 적고 정확해서 좋고,

질투심이 많은 학생은 의욕이 넘쳐서 좋고,

말이 많은 학생은 지루하지 않아서 좋고,

자신감이 없는 학생은 겸손해서 좋고,

직선적인 학생은 속정이 깊어서 좋고.

- 김인중님의 안산동산고 이야기 중에서

길

많은 붓다께서 길 위에서
삶과 죽음에 대해 사유하고
이야기하였다.

하여,
가을 초입의 어느 날
산들바람 하늬구름과
두 발로
걸 었 다.

강정 같은
삶

자네 음식 중에 강정이란 것을 보았는가? 쌀가루를 술에 재어 누에만
하게 잘라 따뜻한 구들에 말려 기름에 튀겨내면 모습이 누에고치처
럼 되네.
깨끗하고 아름답지만 속은 텅 비어, 먹어봤자 배를 부르게 하기 어렵
지, 게다가 잘 부서져서 불면 눈처럼 날아간다네. 그래서 겉은 번듯
하면서도 속은 텅 빈 것을 강정이라 한다네.

- 연암 박지원의 글 중에서

중얼거림
강정 같은 삶이 되지 않아야겠다. 말은 번듯하게 하지만 행동에 옮기는 것은 고작 몇
안 되는 나의 삶에 비추어 보니 더욱 가슴에 와 닿는 말이다.

황혼에 누군가
날 부르다

하얀 눈은 하늘 가득 내리는데 날은 이미 어둑어둑, 차가운 바람은
우우 성근 숲을 흔드네. 산문 밖에서 언뜻 언뜻 나를 부르는 소리 들
려오는데 이것은 길 가던 나그네가 주인을 부르는 소리 분명하다.

요즘 체로금풍(體露金風) 이라는 말을 가슴에 담고 삽니다. "가을바람에
낙엽 우수수 지고 나니 나무의 본 모습이 드러난다" 는 뜻인 듯합니
다. 마른 나뭇가지를 보면서 가슴으로 중얼거립니다.
체로금풍(體露金風) 이라!

- 부휴(作) 우현(述)

발원

오늘도
손 모아
발원해봅니다.

평화로운 마음으로
미소 짓는 얼굴로
모든 중생 대하기를….

내 려
놓아라!

작년 2월 어느 날 통도사에 눈이 내렸습니다.
올해도 눈이 내리길 아이의 마음으로 바라보면서 짧지만 긴 여운을
담은 이야기를 전합니다.

수행의 무게를 잔뜩 짊어진 수행자가 스승을 찾아가 물었다.
"모든 것이 너무 힘들어 숨을 쉴 수가 없습니다. 어찌하여야 숨을 쉴
수가 있겠습니까?" 하였더니,
스승은 짧게 "내 려 놓 아 라!" 하였다.

습
관

습관이라고 하는 괴물은 악습에 대한 감각을 죄다 먹어버리지만
또한 천사와 같은 일면도 있어 항상 점잖고 착한 행동을 하게 되면
처음에는 어색한 옷 같아도 어느새 쉽게 몸에 어울리게 해준답니다.

- 햄릿 중에서

날이 많이 따뜻해졌습니다.
습관을 바꾸는 길은 실천에 있습니다.
일어나시죠!
바람이 참 좋습니다.

봄이
안타까워

催花雨兮妬花雨

봄을 재촉하는 비 봄을 시기하는 비

何事天心有兩般

하늘은 어인 마음으로 오락가락 하는가?

昨夜東風叩窓戶

지난 밤 동녘바람 창문을 두드려

殘紅落盡一庭寒

문을 열고 내다 본 뜰에는 핏빛 주검들

- 정수혜단 선사

꿈
이라면

사랑의 속박이 꿈이라면,

출세의 해탈도 꿈입니다.

웃음과 눈물이 꿈이라면,

무심의 광명도 꿈입니다.

일체만법이 꿈이라면,

사랑의 꿈에서 불멸을 얻겠습니다.

- 만해 한용운 〈꿈이라면〉

유난히 짧게 느껴지던 봄날이었습니다.

산들 바람에 흩날리는 꽃잎 따라

봄날은 또 그렇게 점점이 멀어져 갑니다.

찰나의 봄날에서 영원을 꿈꾸는 것이 중생의 안목[眼目]이라면

변해가는 시간 속에서 영원의 법칙을 읽어내는 것은

부처의 안목[眼目]이겠지요.

눈에 보이는 모든 것이

한낮 순간의 꿈이었음을 알아차리는 날,

중생과 부처의 차별 없는 영원한 니르바나에 노닐 것입니다.

몽견관음
夢見觀音

관세음이여!
대비심이 어찌 그리 절절하십니까

손에는 문양 없는 도장을 드시고서
저의 비공 깊은 곳을 찍으시네.

어찌 도장에만 문양이 없으시리
나투시는 그 몸 또한 찾을 길 없네.

그럼에도 항상 저희와 함께 하시니
맑은 바람 대숲을 흔드네.

- 진각 짓고 우현 옮김

칠월의
어느 덥던 날

여름입니다.

더우세요?

여름은 여름다워야 하지요.

칠월의 어느 덥던 날,

어느 선원

어느 스님의 자리입니다.

마음으로 함께 앉으실까요?

매우 시원할 터이니.

능소화

의지할 것만 있으면

하늘마저 가리려 한다는 뜻의 이름을 가진

능소화 꽃말은 명예이며 시들지 않은 모습으로

떨어지는 것이 선비의 고고한 품성을 상징한다 합니다.

왕을 기다리다 죽어간 궁녀의

애틋한 전설 하나도 간직하고 있지요.

마음으로 보셔요.

또 무엇이 보이시나요.

파랑은 파랑이고
노랑은 노랑이다

"아난아 비유하자면 오색 구슬에 햇살이 비치면
다섯 빛깔이 나타나는데
중생들은
그것이 구슬에 투영된 빛이라 생각하지 않고
색색의 빛이 참으로 있다고 생각 하느니라."

능엄경의 이와 같은 말씀을 들어도
나의 눈에는 여전히 파랑 노랑으로 보이니 어찌할꼬?

떠날 때의
님의 얼굴

꽃은 떨어지는 향기가 아름답습니다.
해는 지는 빛이 곱습니다.
노래는 못 마친 가락이 묘합니다.
님은 떠날 때의 얼굴이 더욱 어여쁩니다.

떠나신 뒤에 나와 환상의 눈에 비치는 님의 얼굴은
눈물이 없는 눈으로는 바로 볼 수가 없을 만치 어여쁠 것입니다.
님의 떠날 때의 어여쁜 얼굴을 나의 눈에 새기겠습니다.

님의 얼굴은 나를 울리기에는 너무도 야속한 듯하지만
님을 사랑하기 위하여는 나의 마음을 즐겁게 할 수가 없습니다.
만일 그 어여쁜 얼굴이 영원히 나의 눈을 떠난다면
그때의 슬픔은 우는 것보다도 아프겠습니다.

- 만해 한용운〈떠날 때의 님의 얼굴〉, 인도 쿠시나가르에서

나는
하늘이로소이다

숯불 피우고
가을 달빛 길어다가
찻물을 끓입니다.

짙은 하늘빛 가루차
다완은 푸른 물결 일렁이고
한 잔 차에 나는
하늘이로소이다.

人生

살아 생전

조그마한 항아리 속으로

못 들어가고

죽어서는

조그마한 항아리

채우지 못하네.

- 정삼일

갑작스런 스승의 열반에 머릿속에 입재법문의 한 말씀이 진동친다.

후회 없이
살기

사랑하는 사람에게 고맙다는 말을 많이 했더라면,

진짜 하고 싶은 일을 했더라면,

만나고 싶은 사람을 만났더라면,

친절을 베풀었더라면,

삶과 죽음의 의미를 진지하게 생각했더라면….

- 죽을 때 후회하는 스물 하고도 다섯 가지 중에서

시바타 도요

나이 아흔이 넘어 시를 쓰기 시작하면서
하루하루가 보람 있습니다.
몸은 여위어 홀쭉해도
눈은 사람의 마음을 보고
귀는 바람의 속삭임을 듣고
입을 열면
"말씀이 좋네요"
"야무지네요"
모두가 칭찬을 합니다
그 말이 기뻐 다시 힘을 냅니다

올해 백세 할머니의 詩입니다. 우리 아직 늦지 않았습니다.

진달래

길 위에서 만난 설레는 풍경
몸은 설레도 마음은 절제하라고
꽃말로 법문한다.

봄날의 꿈
夢 꿈을 꾼다
幻 신기루 같은
泡 거품이 사라진 자리
影 그림자도 없다.

그분께서
오신 날

위대한 분 그 분께서 이 땅에 오신 날.

일 년 삼백육십오일 어느 날 어느 때

우리들 곁에 계시지 않은 적 없으시지만

다시금 함께 하심을 알게 하고자 이 땅에 오시는 날.

환희하며 하늘에도 땅에도 물에도 오시는 길

평안하시라 불 밝힙니다.

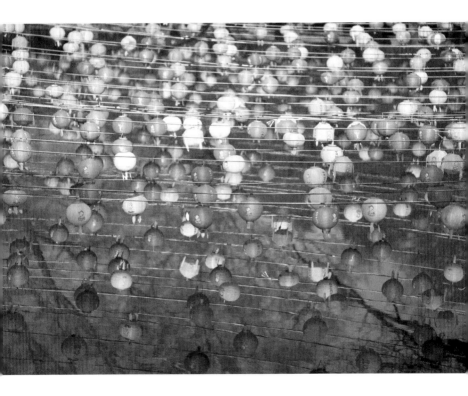

변화와 어려움에
담담해지기

사물이 변화를 받아들이지 못하면 다른 모습으로 변할 수 없고
사람이 어려움을 겪지 않으면 지혜가 생기지 않는다.

- 宋代장뢰의 글 중에서

계절은 시나브로 여름입니다.

지난 겨울, 여름이 올까 싶더니

사물은 담담히 변화를 받아들입니다.

오직 중생만이 변화를 받아들이지 않으려 하고

어려움을 겪지 않으려 합니다.

조금씩 아주 조금씩이라도 수행의 힘을 통해

변화와 어려움에 담담해지기를 발원해 봅니다.

윤회의
이유

우물 안 개구리는 바다에 대해 말해도 알지 못하니
우물을 벗어나 본 적이 없기 때문이요.

여름 하루살이들에게 겨울의 얼음을 말해도 알지 못하니
시간에 매어 있기 때문이며

고지식한 선비들은 도에 대해 말해도 알지 못하니
자신의 주관에 매어 있기 때문이다.

- 古典 중에서

나와 당신은 무엇에 얽매여 있습니까?

좋은 시절 好時節

한여름 무섭게 내리던 폭우와 폭염
힘든 시간이 지나니 풀벌레 소리 가득한 계절이 왔습니다.

봄에는 아름다운 꽃이 있어 좋고
여름에는 더위를 식혀주는 바람 불어 좋으며
가을에는 휘영청 밝은 달이 있어 좋아라.
우리네 마음 한가하면 그 시절이 바로 좋은 시절

천 년전쯤 무문스님의 말씀입니다.

여러분 호시절을 누리고 계십니까?
아니면 아직도 호시절을 기다리고 계십니까?
선택하십시오 지금 이 순간입니다.

가을,
시를 쓰다

가을바람에 낙엽이 우수수 떨어지니
알 수 없는 설움에 눈물이 후드득
노란 국화는 누굴 기다리느라
저리 짙은 향기 풍기는지

- 유장경의 『感懷』 中에서

가을에는 마음의 말이 입으로 나오면 모두
시가 된다고 하더니 그런 듯합니다.
떨어지는 낙엽과 남아있는 노란 국화에 이런
의미를 부여한 것을 보면 말이지요.
삭막한 세상 무뎌져 가는 감성.
어떻습니까?
마음속 말들 입 밖으로 내어보심이.
그 순간 우리네 삶이 조금은
여유로워지지 않을까요?

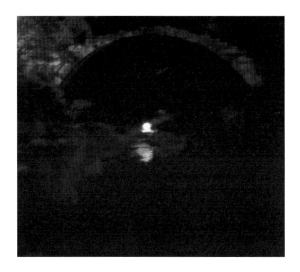

홍예교 아래서
달을 건지다

창문을 두드리는 달님의 초대

휘적휘적 쓸리지 않는 상념의 낙엽을 쓸어가며

달빛이 떠내려오는 가을 냇가를 거닐어 봅니다.

달은 한참을 흘러 홍예교 아래 멈췄습니다.

달이 하도 탐스러워 행여 건져질까 손을 뻗어보지만

손가락 사이로 자꾸만 빠져나갑니다.

건지려 하면 할수록 곱던 달의 모습은 이지러지고 맙니다.

오늘도 무심의 달을 유심으로 건지려 하지는 않으시는지요?

오늘 밤 달이 참 곱습니다. 쌔 !!!

밝음과
어둠

시간과 공간 너머

허공 가득 비가 내린다.

무심히 내리는 비에

유심히 의미를 부여한다.

고요한 방안

빗소리 가득해

헛헛한 마음 달래려

향 사르고 물 달이니

향연은 허공을 무대 삼아

아름다운 곡선 뽐내고

탕관의 물소리 장단을 맞춘다.

째 !

하늘에

하늘에
雨만 내리는 것은 아니다.
허공 가득
雪이 내리기도 하고,
葉이 흩날리기도 하며,
계절의 輪廻만큼
想念들도 함께 내린다.

소임을 다 하고
가벼운 바람에
기꺼이 몸을 맡기는
가을 잎새처럼
가벼운 마음으로
그렇게
사랑도 미움도
보내야겠다.

부처의
삶과 죽음

삶,
하늘에 맑은 바람과 같고

죽음,
연꽃 만나고 가는 바람 같아

진리의 바탕에는
삶도 죽음도 없지만

삶과 죽음 통해서
법신상주를 설 하시네.

당신이 가신 그 길을 따라
행자는 지금 머리 숙여 절합니다.

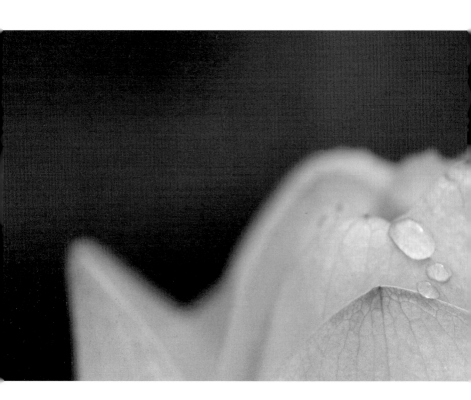

연 꽃

꽃

하늘의

눈물을 머금다.

눈물의

무게를

건디지 못한 꽃은

그냥 그대로

후드득

지상으로

떨.

어.

진.

다.

묵언

외롭던 산 나뭇가지마다

울긋불긋 꽃들이 피어나니

달빛도 덩달아 창가에 달 꽃을 피우네.

가지마다 꽃이 피고 창가에도 꽃이 피지만

그대 아는가?

지금 이 순간 꽃피고 달뜨는 것을…….

休歇!

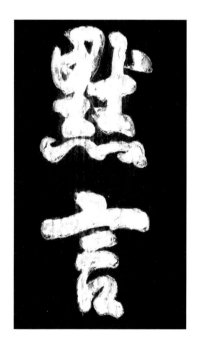

대비 관세음이시여
저희들이 자비의 심장을 가지게 하소서.

대비 관세음이시여
저희들이 지혜로 장엄되게 하소서.

대비 관세음이시여
저희들이 연꽃 향 나는 말을 하게 하시고
하늘의 향 풍기는 몸짓을 하게 하시며
그대 닮은 서원 이루게 하소서.

서 원

다함없는 생명이시며
다함없는 빛이신
비로자나 부처님께
귀의합니다.

일체 중생이 문수의 지혜 얻어
무명에서 벗어나기를 서원합니다.

일체 중생이 보현의 원력으로
윤회에서 벗어나기를 서원합니다.

차라리 허공이 사라질지언정
저의 서원은 변하지 않으리.

그림자

그대의 눈길은
어느 곳을 향하고 있습니까?

무엇을 보고
그것을 진실이라 말 합니까?

눈에 보이는 것은
보지는 않는 것의
그림자일 뿐입니다.

月色

밤 하늘 자세히 보았더니
조각달 하나 떠 있다

조금 더 유심히 보았더니
둥근 달 떠 있네

둥근달이면 어떠하고
조각달이면 어떠하리

달은 하늘에서
떨어진 적 없으니.

별은
우주의 법칙을 따라
윤회하고

삶은
생노병사의 법칙을 따라
윤회하네.

시나브로 인연의 바람 불어
고운 잎새 지고나면
별은 다시 사람이 되고
사람은 다시 별이 되리라.

夢

비가 옵니다.

꽃비가 내립니다.

점점이 나리는 꽃

사라짐이 아쉬워

찰나를 잡아

영겁을 만들었습니다.

아!

영겁도 찰나도

그저

지나가는 봄바람에 꾸었던

꿈이었습니다.

落
花

붓다가
설법 하시니
극락에 꽃비가 내린다.

찰나의 바람에
흩날리는 꽃잎!

그 속에
붓다의 말씀에 하염없이 눈물짓던
아난의 모습이 겹치는 것은 왜인가?
이런 우라질!

荷漏

푸른 연잎의
눈물 세 방울

한 방울은
그대를 위해서

다음 한 방울은
누군가를 위해

마지막 한 방울은?

芭
蕉

진여의 바다에
무명의 바람이 분다.

무명의 바람은
습기의 거친 파도를 일으켜
바다 위 작은 배를 덥친다.

파도는 순식간에
망념의 먹빛 구름이 되고
구름사이 말라야의 천둥 요란하다.

어느덧 사바의 하늘
상념의 비 내리고
아뢰야의 나무는 무성하게 자란다.

竹篦

참으로 뜨거웠으며
참으로 하염없이
내리던 여름 장맛비
꿈이었던가.

산사는
풀벌레 소리 가득한데

텅빈 선방은
죽비 소리 가득하네.

相網

부처님께서 어느 날
한 송이 연꽃 드시니

중생들은
그만
모양의 그물에 걸려 버렸다.

寒暑

바람조차 덥다
시원함이 좋다

바람조차 차다
따스함이 좋다.

生
滅

존재와 소멸이
실상은 아니지만
눈 앞에
펼쳐진 현실은
존재하고 소멸하며

봄날은 간적이 없고
가을 또한 온적이 없는데
어느새
푸른잎 붉게 물들었네.

落火

불꽃이
봄날의 꽃잎인 듯
불꽃이
가을의 낙엽인 듯
흩날린다.

마음도
덩달아
이리 저리
흩날린다.

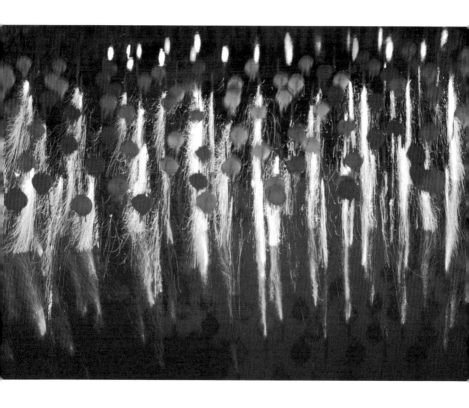

誓
願

眼으로는　　타인의 장점을 보게 하소서

耳로는　　　진리의 소리를 듣게 하소서

鼻로는　　　법의 향기를 맡게 하소서

舌로는　　　찬탄의 말을 하게 하소서

身으로는　　보살행을 실천하게 하소서

意으로는　　진여의 법계에 노닐게 하소서.

星海

비가 온다고
해가
뜨지 않는 것은 아니다.

눈이 온다고
달이
뜨지 않는 것은 아니다.

비와 바람이
천둥과 번개가
아무리 세차게 불어도
하늘에 별은 항상 스스로 빛난다.

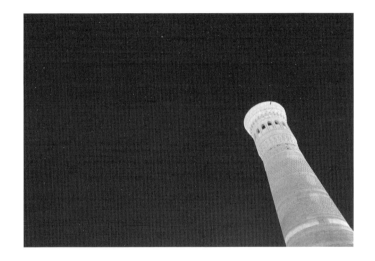

미망

아침이 밝아옵니다.
님이여, 나를 깨워주오.
지치고 힘든 세상
당신의 사랑 가득한 음성으로
나의 이름을 불러주오.

하여,
나를 미망의 꿈에서
깨어나게 하여 주오.

달과 원숭이

月을
잡으려 하는
원숭이
달을
낚아채다.

나마스떼

참으로 많은 것을 보지 못하고

참으로 많은 것을 알지 못한채

하루하루 보내고 있었구나.

새벽이 열리는 기적의 현장에서

삼가 삼라만상과

두두물물의 평화와

행복을 기원하며

나마스떼.

바람이
불면

숨이 멎을듯 한치 앞이 보이질 않아

삶의 길에서 참말 다양한 풍경들을 만납니다.

강렬한 햇살이

매서운 바람이

그리고 짙은 운무가

天地를 구별하지 못하게 합니다.

걱정할 것 없어요

바람 불면 靑山이 눈앞에 펼쳐질 겁니다.

나지마라,

나는 것이 고통이요.

죽지마라,

죽는 것이 고통이다.

生故　以變化

생겨난 까닭에 변하는 것이니

변태를 두려워마라.

化故　以永遠

변태하는 까닭에 영원함이니….

163

당신의
안부를 묻습니다

관룡사 용선대 초입에서

면목바위가 당신의 안부를 묻습니다.

당신의 안부를 묻습니다.

행복하시라고,

당신은 충분히 자격이 있다고.

꽃들의
잔치

텅빈 허공
파란 하늘
하얀 구름

꽃은 지상에만 피고 지지 않는다.
고개 들어 하늘 보면
그곳에도 꽃들의 잔치 한창이다.

세월은 간다

마이 덥지예

우야겠심미꺼

쪼매만 참으시소.

시나브로

아이고 추버라

할 날이 올끼라예.

달빛에
취하는 밤

산사에 밤은 깊어가고

달은 휘영청 밝다.

마알간 샘에 떨어진 달 길어다가

화로에 물 달이니

오로라

月揚이로고.

이 밤이 다 가도록

주거니 받거니

달빛에 취하는 밤.

시월의 마지막 밤

이렇게 하루가 가고
그렇게 또 한달이 지나간다.

어느덧 사바의 시계는
시월의 마지막을 말한다.

계절은
그렇게 가고
사람도
그렇게 간다.

고요

가을 하늘
팔랑개비처럼 맴돌며
떨어지는 잎새
하나
두울

작은 미련도 없는지
그 몸짓
참 가벼웁다.

영원한
찰나

아쉬운 마음에
여즉 가을을 보내지 못했건만
첫눈이 내렸습니다.

반가운 마음 감추지 못해
그대를 붙잡아 두려 하지만
그대 어느새 찰나가 되었구려.

그러나 걱정마시오.
내 마음엔 그 모습 영원이 되었으니….

침
묵

형상없는 마음이 존재하는 육체를 흔든다.

춘설에
배우다

철 없는 중은

하얀눈이 반가워 감탄사를 연발하는데

눈송이의 무게를 감당못한 소나무는

투드둑~ 제 몸 일부를 부러뜨려 무게를 줄인다

대나무와 억새과 강한 바람에 꺾이지 않는 이유는

물처럼 순응하기 때문이듯

소나무가 강한 바람에 맞서는 방법은

제 몸의 일부를 내어주기 때문이다

散花落

시린 하늘에 하이얀 꽃

한 잎

두 잎

점점이

멀어져 간다

어떤 사람 말 하길

매화는 반쯤 피었을 때

벚꽃은 만개 했을 때 가장 아름답다 했던가

허나

점점이 흩어지는 매화를 보는 맛도

좋다!

좋다!

사이

어둠과 밝음의 사이

중생과 부처의 사이

사랑과 증오의 사이

틀림과 다름의 사이

만남과 이별의 사이

작은 틈을 놓치면 결국
전체를 잃게 되는 것
무엇과 무엇의 간격이 없어 질 때
무간도의 경지가 열린다

인터스텔라

나의 별과
너의 별 만큼이나
가깝고도 먼
우리들의 이야기
먼 과거인 듯
현재의 우리들의 이야기

크기로는 존재하는 모든 것을 담아도 넉넉하고
작기로는 존재하는 모든 것을 비워도 답답하다

기별

20082014 ⓒ WRITINGS. PHOTOGRAPH BY 우현

초판 1쇄 인쇄. 2015년 5월 11일
초판 1쇄 발행. 2015년 5월 20일

글. 사진 우현스님

펴낸이 김윤희
디자인 방혜영
펴낸곳 맑은소리 맑은나라
출판등록 2000년 7월 10일 제 02-01-295 호
주소 부산광역시 중구 대청로 126번길 18 동광빌딩 201호
전화 051) 255-0263
팩스 051) 255-0953
전자우편 puremind-ms@daum.net

ISBN 978-89-94782-43-0   03220

값 12,000원